# Bilingual Tales for Girls: Inspiring Adventures in Portuguese and English

Teakle

Published by Teakle, 2023.

BILINGUAL TALES FOR GIRLS: INSPIRING ADVENTURES IN PORTUGUESE AND ENGLISH

**First edition. July 8, 2023.**



ISBN: 979-8223630050

Written by Teakle.

# Table of Contents

# A Estrelinha Encantada
# The Enchanted Little Star

Era uma vez uma pequena estrelinha chamada Clara. Ela morava no céu, junto com outras estrelas brilhantes. Clara era especial porque possuía um brilho mágico e uma alegria contagiante. Todas as noites, ela iluminava o céu com seu brilho suave e colorido.

*Once upon a time, there was a little star named Clara. She lived in the sky, among other shining stars. Clara was special because she had a magical glow and contagious joy. Every night, she illuminated the sky with her soft and colorful brightness.*

Um dia, enquanto brilhava no céu noturno, Clara avistou uma garotinha triste chamada Laura. Laura tinha olhos tristonhos e parecia estar perdida. A estrelinha desceu do céu e se aproximou da menina, trazendo um sorriso para seu rosto.

*One day, while shining in the night sky, Clara spotted a sad little girl named Laura. Laura had sorrowful eyes and seemed to be lost. The little star descended from the sky and approached the girl, bringing a smile to her face.*

"Olá, querida Laura! Por que você está triste?" perguntou Clara gentilmente. Laura contou à estrelinha que estava perdida e não conseguia encontrar o caminho de volta para casa. Clara sabia exatamente o que fazer para ajudar a menina.

*"Hello, dear Laura! Why are you sad?" Clara asked gently. Laura told the little star that she was lost and couldn't find her way back home. Clara knew exactly what to do to help the girl.*

Clara brilhou ainda mais forte e, com seu brilho mágico, traçou um caminho luminoso no céu. Ela guiou Laura pelo caminho, levando-a de volta para a segurança de sua casa. Laura ficou maravilhada com o poder da estrelinha e agradeceu-lhe com um abraço caloroso.

*Clara shone even brighter and, with her magical glow, traced a luminous path in the sky. She guided Laura along the way, leading her back to the safety of her home. Laura was amazed by the little star's power and thanked her with a warm hug.*

A partir desse dia, Clara e Laura se tornaram melhores amigas. Clara visitava Laura todas as noites, enchendo seu quarto de brilho e alegria. Elas brincavam juntas, contavam histórias e compartilhavam segredos.

*From that day on, Clara and Laura became best friends. Clara visited Laura every night, filling her room with brightness and joy. They played together, told stories, and shared secrets.*

A estrelinha encantada ensinou a Laura a encontrar alegria nos momentos mais simples e a sempre acreditar em seu próprio brilho interior. E Laura, por sua vez, deu amor e carinho à estrelinha, lembrando-a de quão especial ela era.

*The enchanted little star taught Laura to find joy in the simplest moments and to always believe in her own inner glow. And Laura, in return, gave love and affection to the little star, reminding her of how special she was.*

# O Mistério do Jardim Encantado
# The Mystery of the Enchanted Garden

Era uma vez uma menina curiosa chamada Sofia. Ela adorava explorar lugares mágicos e descobrir segredos escondidos. Um dia, enquanto brincava no parque, Sofia ouviu um sussurro suave vindo de um canto distante. Curiosa, seguiu o som e se viu diante de um misterioso portão de ferro.

*Once upon a time, there was a curious girl named Sofia. She loved exploring magical places and uncovering hidden secrets. One day, while playing in the park, Sofia heard a soft whisper coming from a distant corner. Curious, she followed the sound and found herself in front of a mysterious iron gate.*

O portão estava coberto de trepadeiras e parecia levar a um jardim desconhecido. Sofia empurrou o portão lentamente e entrou com cuidado. Assim que seus pés tocaram o solo, o jardim ganhou vida. Flores brilhantes, árvores altas e animais falantes apareceram ao seu redor.

*The gate was covered in vines and seemed to lead to an unknown garden. Sofia pushed the gate slowly and entered cautiously. As soon as her feet touched the ground, the garden came to life. Bright flowers, tall trees, and talking animals appeared all around her.*

Sofia ficou maravilhada com a beleza e a magia do lugar. Ela se aproximou de uma borboleta colorida e perguntou: "Onde estou? Este é um jardim encantado?". A borboleta sorriu e respondeu: "Sim, minha querida! Este é o Jardim Encantado, um lugar cheio de segredos e aventuras."

*Sofia was amazed by the beauty and magic of the place. She approached a colorful butterfly and asked, "Where am I? Is this an enchanted garden?" The butterfly smiled and replied, "Yes, my dear! This is the Enchanted Garden, a place full of secrets and adventures."*

A partir desse momento, Sofia começou a explorar o jardim com entusiasmo. Ela se deparou com fontes mágicas que cantavam canções encantadoras, plantas que concediam desejos e animais que contavam histórias surpreendentes. Cada passo de Sofia revelava um novo mistério.

*From that moment on, Sofia started exploring the garden with excitement. She came across magical fountains that sang enchanting songs, plants that granted wishes, and animals that told amazing stories. Every step Sofia took revealed a new mystery.*

Em sua jornada, Sofia conheceu uma fada amigável chamada Aurora. Aurora tinha asas brilhantes e um sorriso radiante. Ela guiou Sofia por caminhos secretos e compartilhou a sabedoria dos seres mágicos que habitavam o jardim.

*On her journey, Sofia met a friendly fairy named Aurora. Aurora had shimmering wings and a radiant smile. She guided Sofia through secret paths and shared the wisdom of the magical beings that inhabited the garden.*

Sofia aprendeu a importância de cuidar da natureza, respeitar os animais e cultivar amizades verdadeiras. Ela descobriu que a magia do jardim estava dentro de si mesma, em sua imaginação e capacidade de ver a beleza ao seu redor.

*Sofia learned the importance of taking care of nature, respecting animals, and cultivating true friendships. She discovered that the magic of the garden was within herself, in her imagination and ability to see the beauty around her.*

Quando chegou a hora de partir, Sofia se despediu com um coração cheio de gratidão. Ela sabia que o Jardim Encantado sempre estaria lá para ela, esperando por suas próximas visitas e novas descobertas.

*As the time to leave approached, Sofia said her goodbyes with a heart full of gratitude. She knew that the Enchanted Garden would always be there for her, waiting for her next visits and new discoveries.*

# A Bailarina e a Estrela Cadente
# The Ballerina and the Shooting Star

Era uma vez uma pequena bailarina chamada Ana. Ela adorava dançar e sonhava em se tornar uma grande bailarina. Todas as noites, ela olhava para o céu em busca de estrelas cadentes, desejando que seus sonhos se tornassem realidade.

*Once upon a time, there was a little ballerina named Ana. She loved to dance and dreamed of becoming a great ballerina. Every night, she looked up at the sky in search of shooting stars, wishing for her dreams to come true.*

Uma noite, enquanto dançava no jardim, Ana viu uma estrela cadente brilhante cortando o céu. Ela fechou os olhos, apertou as mãos e fez um pedido com todo o seu coração. "Por favor, estrela cadente, realize meu sonho de me tornar uma bailarina de sucesso."

*One night, while dancing in the garden, Ana saw a bright shooting star streaking across the sky. She closed her eyes, clasped her hands, and made a wish with all her heart. "Please, shooting star, make my dream of becoming a successful ballerina come true."*

Para sua surpresa, a estrela cadente ouviu seu pedido e desceu do céu. Transformou-se em uma linda fada bailarina chamada Estela. Estela tinha asas cintilantes e um vestido de ballet deslumbrante. Ela disse a Ana: "Querida bailarina, estou aqui para te ajudar a realizar seu sonho."

*To her surprise, the shooting star heard her plea and descended from the sky. It transformed into a beautiful fairy ballerina named Estela. Estela had sparkling wings and a dazzling ballet dress. She said to Ana, "Dear ballerina, I am here to help you make your dream come true."*

Estela começou a ensinar a Ana movimentos de ballet mágicos. Ela saltava graciosamente pelo jardim, enquanto Ana a imitava, aprendendo cada passo e pirueta com perfeição. O jardim se encheu de música suave e risos alegres.

*Estela began to teach Ana magical ballet movements. She gracefully leaped through the garden, while Ana imitated her, learning each step and pirouette perfectly. The garden filled with soft music and joyful laughter.*

Os dias se transformaram em semanas e as semanas em meses. Ana se tornou uma bailarina habilidosa, confiante e cheia de paixão. Com a orientação de Estela, ela conquistou os palcos e encantou o público com sua graça e talento.

*Days turned into weeks, and weeks turned into months. Ana became a skilled, confident ballerina filled with passion. With Estela's guidance, she conquered the stages and enchanted the audience with her grace and talent.*

Um dia, quando Ana estava se apresentando em um grande teatro, ela viu Estela voando pelo céu. A estrela cadente se transformou novamente em uma estrela brilhante e desapareceu no horizonte. Ana sabia que era hora de dizer adeus à sua amiga mágica.

*One day, as Ana was performing in a grand theater, she saw Estela flying across the sky. The shooting star transformed back into a shining star and disappeared into the horizon. Ana knew it was time to bid farewell to her magical friend.*

Mesmo que Estela não estivesse mais com ela fisicamente, Ana sabia que a estrela sempre estaria presente em seu coração. Ela continuou a dançar com paixão e a compartilhar sua arte com o mundo, lembrando-se sempre do poder dos sonhos e da magia que a ajudou a alcançá-los.

*Even though Estela was no longer with her physically, Ana knew the star would always be present in her heart. She continued to dance with passion and share her art with the world, always remembering the power of dreams and the magic that helped her achieve them.*

# A Princesa e o Unicórnio
# The Princess and the Unicorn

Era uma vez uma princesa chamada Sofia. Ela vivia em um reino encantado, onde a magia fluía livremente. Sofia era uma menina corajosa, com cabelos dourados como o sol e olhos brilhantes como estrelas. Ela adorava passear pelos jardins do castelo, cercada por flores coloridas e pássaros cantando melodias alegres.

*Once upon a time, there was a princess named Sofia. She lived in an enchanted kingdom where magic flowed freely. Sofia was a brave girl, with golden hair like the sun and sparkling eyes like stars. She loved strolling through the castle gardens, surrounded by colorful flowers and birds singing joyful melodies.*

Um dia, enquanto explorava uma floresta mágica, Sofia encontrou um unicórnio branco e reluzente. Ele tinha uma crina multicolorida e um chifre cintilante no meio da testa. O unicórnio parecia encantado com a presença da princesa e se aproximou dela com delicadeza.

*One day, while exploring a magical forest, Sofia encountered a white and gleaming unicorn. It had a multicolored mane and a shimmering horn in the middle of its forehead. The unicorn seemed enchanted by the princess's presence and approached her gently.*

Sofia sorriu para o unicórnio e o acariciou com ternura. Ela percebeu que aquele encontro era especial e que tinha encontrado um amigo mágico. O unicórnio, cujo nome era Estrela, conduziu a princesa em uma jornada através de paisagens deslumbrantes e maravilhas encantadas.

*Sofia smiled at the unicorn and caressed it tenderly. She realized that this encounter was special and that she had found a magical friend. The unicorn, whose name was Estrela, led the princess on a journey through breathtaking landscapes and enchanted wonders.*

Enquanto exploravam o reino mágico, Sofia e Estrela encontraram seres encantados, como fadas, duendes e gnomos. Cada encontro enchia o coração da princesa de alegria e admiração. Ela aprendeu a importância de respeitar todas as criaturas e a cuidar do meio ambiente.

*As they explored the magical realm, Sofia and Estrela encountered enchanted beings such as fairies, elves, and gnomes. Each encounter filled the princess's heart with joy and wonder. She learned the importance of respecting all creatures and taking care of the environment.*

A amizade entre Sofia e Estrela crescia a cada dia. Juntos, eles enfrentaram desafios, superaram obstáculos e celebraram a magia da amizade verdadeira. Estrela se tornou o protetor da princesa, sempre ao seu lado nos momentos difíceis e nos momentos de alegria.

*The friendship between Sofia and Estrela grew stronger every day. Together, they faced challenges, overcame obstacles, and celebrated the magic of true friendship. Estrela became the princess's protector, always by her side in difficult times and moments of joy.*

À medida que o tempo passava, Sofia e Estrela compartilhavam histórias e segredos, confiando um no outro de maneira incondicional. Eles se tornaram um símbolo de amor e coragem no reino encantado, inspirando todos ao seu redor.

*As time went by, Sofia and Estrela shared stories and secrets, trusting each other unconditionally. They became a symbol of love and courage in the enchanted kingdom, inspiring everyone around them.*

E assim, a história da princesa Sofia e do unicórnio Estrela se espalhou pelo reino, encantando corações e lembrando a todos sobre a importância da amizade e da magia que reside dentro de cada um de nós.

*And so, the tale of Princess Sofia and the unicorn Estrela spread throughout the kingdom, enchanting hearts and reminding everyone of the importance of friendship and the magic that resides within each one of us.*

# A Menina das Estrelas
# The Girl of the Stars

Era uma vez uma menina chamada Luna, que tinha um amor profundo pelo céu noturno e pelas estrelas. Todas as noites, ela olhava para o céu, maravilhada com sua vastidão e mistérios. Luna sonhava em descobrir mais sobre as estrelas e viajar pelo universo.

*Once upon a time, there was a girl named Luna, who had a deep love for the night sky and the stars. Every night, she gazed at the sky, amazed by its vastness and mysteries. Luna dreamed of learning more about the stars and traveling through the universe.*

Um dia, enquanto Luna estava brincando em seu jardim, uma estrela cadente atravessou o céu. Ela fechou os olhos, fez um pedido e abriu-os novamente para ver uma estrela brilhante bem à sua frente. Era uma estrela falante chamada Estela, que tinha o poder de realizar desejos.

*One day, while Luna was playing in her garden, a shooting star streaked across the sky. She closed her eyes, made a wish, and opened them again to see a bright star right in front of her. It was a talking star named Estela, who had the power to grant wishes.*

Estela sorriu para Luna e disse: "Querida menina, vejo o amor que você tem pelas estrelas. Eu a levarei em uma jornada mágica pelos céus, para que você possa conhecer as estrelas de perto e descobrir seus segredos."

*Estela smiled at Luna and said, "Dear girl, I see the love you have for the stars. I will take you on a magical journey through the skies, so you can get up close to the stars and discover their secrets."*

Luna ficou radiante de alegria e embarcou na jornada celestial com Estela. Elas voaram pelo universo, passando por constelações brilhantes e nebulosas coloridas. Luna aprendeu sobre diferentes tipos de estrelas e como elas iluminam o universo.

*Luna was filled with joy and embarked on the celestial journey with Estela. They flew through the universe, passing by bright constellations and colorful nebulae. Luna learned about different types of stars and how they illuminate the universe.*

Enquanto exploravam o cosmos, Luna também conheceu outras criaturas mágicas, como fadas estelares e cometas brilhantes. Cada encontro enchia seu coração de admiração e encanto. Ela sentia-se conectada a todo o universo, como se fizesse parte dele.

*As they explored the cosmos, Luna also met other magical creatures, such as star fairies and bright comets. Each encounter filled her heart with awe and enchantment. She felt connected to the entire universe, as if she were a part of it.*

Após a jornada celestial, Estela levou Luna de volta ao seu jardim. Luna estava repleta de gratidão por ter vivido uma experiência tão mágica. Ela prometeu cuidar das estrelas e compartilhar sua paixão com o mundo.

Desde então, Luna continuou sua busca pelo conhecimento sobre as estrelas. Ela estudou astronomia, leu livros sobre o universo e compartilhou suas descobertas com amigos e familiares. Luna se tornou a menina das estrelas, inspirando todos a sonhar e explorar o infinito céu noturno.

*Since then, Luna continued her quest for knowledge about the stars. She studied astronomy, read books about the universe, and shared her discoveries with friends and family. Luna became the girl of the stars, inspiring everyone to dream and explore the endless night sky.*

# A Princesa e o Tesouro Perdido
# The Princess and the Lost Treasure

Era uma vez uma princesa corajosa chamada Isabella. Ela vivia em um reino encantado, cercada por belos jardins e castelos imponentes. Isabella tinha cabelos negros como a noite e olhos brilhantes como estrelas. Ela possuía um espírito aventureiro e estava sempre em busca de emoções e novas descobertas.

*Once upon a time, there was a brave princess named Isabella. She lived in an enchanted kingdom, surrounded by beautiful gardens and grand castles. Isabella had black hair like the night and eyes that sparkled like stars. She had an adventurous spirit and was always seeking thrills and new discoveries.*

Certo dia, enquanto explorava uma parte desconhecida do castelo, Isabella encontrou um antigo mapa do tesouro. Seus olhos brilharam de emoção ao perceber que havia um tesouro perdido esperando para ser encontrado. Ela decidiu embarcar em uma jornada para desvendar esse mistério.

*One day, while exploring a forgotten part of the castle, Isabella stumbled upon an old treasure map. Her eyes sparkled with excitement as she realized there was a lost treasure waiting to be found. She decided to embark on a journey to unravel this mystery.*

Isabella convocou sua corajosa equipe de amigos: um cavalo leal chamado Trovão, um simpático elfo chamado Oliver e um pássaro inteligente chamado Melodia. Juntos, eles partiram em busca do tesouro perdido.

*Isabella summoned her brave team of friends: a loyal horse named Trovão, a friendly elf named Oliver, and a clever bird named Melodia. Together, they set off in search of the lost treasure.*

A jornada levou-os a florestas mágicas, montanhas imponentes e cavernas misteriosas. Eles superaram obstáculos e resolveram enigmas, seguindo o mapa com determinação. A cada passo, a amizade do grupo se fortalecia.

*The journey led them through magical forests, towering mountains, and mysterious caves. They overcame obstacles and solved puzzles, following the map with determination. With each step, the group's friendship grew stronger.*

Finalmente, chegaram a uma ilha deserta, onde o tesouro estava escondido. Isabella e seus amigos escavaram a areia, revelando uma caixa de madeira envelhecida. Ao abri-la, encontraram uma coroa brilhante, incrustada de pedras preciosas e carregada de história.

*Finally, they reached a deserted island where the treasure was hidden. Isabella and her friends dug through the sand, revealing an aged wooden chest. Upon opening it, they found a dazzling crown, encrusted with gemstones and laden with history.*

Ao colocar a coroa em sua cabeça, Isabella sentiu-se conectada a todas as princesas que vieram antes dela. Ela entendeu que o verdadeiro tesouro não estava apenas no ouro e nas joias, mas no valor das experiências, das amizades e do amor compartilhados ao longo de sua jornada.

*As Isabella placed the crown upon her head, she felt connected to all the princesses who came before her. She understood that the true treasure was not only in the gold and jewels but in the value of the experiences, friendships, and love shared throughout her journey.*

Com o coração cheio de gratidão, Isabella e seus amigos voltaram ao reino. A coroa brilhava em sua cabeça, lembrando-a de que a verdadeira realeza está na bondade, na coragem e no espírito de aventura que possuímos dentro de nós.

*With a heart full of gratitude, Isabella and her friends returned to the kingdom. The crown shone upon her head, reminding her that true royalty lies in the kindness, courage, and adventurous spirit that we hold within ourselves.*

# O Mistério da Flor Encantada
# The Mystery of the Enchanted Flower

Era uma vez uma menina chamada Alice, que vivia em uma pequena vila cercada por uma densa floresta. Alice era uma menina curiosa e corajosa, com cabelos ruivos e olhos cheios de brilho. Ela adorava explorar a natureza e estava sempre à procura de aventuras.

*Once upon a time, there was a girl named Alice who lived in a small village surrounded by a dense forest. Alice was a curious and brave girl, with red hair and eyes full of sparkle. She loved exploring nature and was always on the lookout for adventures.*

Um dia, enquanto caminhava pela floresta, Alice deparou-se com uma flor deslumbrante, diferente de todas as outras que já tinha visto. Ela tinha pétalas brilhantes em tons de rosa e azul, exalando um perfume doce e mágico. Alice sabia que tinha encontrado algo especial.

*One day, while walking through the forest, Alice came across a dazzling flower, unlike any she had ever seen before. It had shimmering petals in shades of pink and blue, emanating a sweet and magical scent. Alice knew she had found something special.*

Curiosa e encantada pela beleza da flor, Alice decidiu levá-la para casa. Mas assim que a tocou, algo incrível aconteceu. A flor brilhou intensamente e desprendeu uma energia mágica que envolveu Alice.

*Curious and enchanted by the flower's beauty, Alice decided to take it home. But as soon as she touched it, something incredible happened. The flower shone brightly and emitted a magical energy that enveloped Alice.*

Quando a luz se dissipou, Alice percebeu que estava vestida com um lindo vestido de pétalas, e pequenas asas surgiram em suas costas. Ela havia se transformado em uma fada! Alice estava maravilhada com a transformação e estava pronta para desvendar o mistério da flor encantada.

*When the light subsided, Alice realized she was dressed in a beautiful dress made of petals, and small wings had appeared on her back. She had transformed into a fairy! Alice was amazed by the transformation and was ready to uncover the mystery of the enchanted flower.*

Guiada pela magia da flor, Alice seguiu por um caminho brilhante na floresta. Cada passo a levava mais fundo em um reino encantado, onde criaturas mágicas dançavam e cantavam alegremente. Alice estava maravilhada com tudo o que via.

*Guided by the magic of the flower, Alice followed a glowing path in the forest. Each step took her deeper into an enchanted realm, where magical creatures danced and sang joyfully. Alice was amazed by everything she saw.*

No coração do reino encantado, Alice encontrou a Rainha das Fadas, uma linda e sábia figura. A Rainha explicou que a flor era a Flor Encantada, capaz de realizar desejos e espalhar alegria. Ela revelou que Alice tinha sido escolhida para proteger a flor e usar seu poder para o bem.

*In the heart of the enchanted realm, Alice encountered the Queen of the Fairies, a beautiful and wise figure. The Queen explained that the flower was the Enchanted Flower, capable of granting wishes and spreading joy. She revealed that Alice had been chosen to protect the flower and use its power for good.*

Ao abraçar essa responsabilidade, Alice descobriu o verdadeiro poder da bondade e da generosidade. Ela usava o poder da Flor Encantada para espalhar amor, curar corações partidos e trazer alegria a todos que encontrava.

*Embracing this responsibility, Alice discovered the true power of kindness and generosity. She used the power of the Enchanted Flower to spread love, heal broken hearts, and bring joy to everyone she encountered.*

Com o passar do tempo, Alice percebeu que seu dever como guardiã da Flor Encantada era compartilhar seu conhecimento com outras pessoas. Ela ensinou às crianças da vila sobre a importância da natureza, do amor e da conexão com o mundo ao seu redor.

*Over time, Alice realized that her duty as the guardian of the Enchanted Flower was to share her knowledge with others. She taught the children of the village about the importance of nature, love, and connection with the world around them.*

E assim, Alice continuou sua jornada como a fada guardiã da Flor Encantada, espalhando magia e alegria por onde passava. Seu coração estava cheio de gratidão por ter sido escolhida para essa missão especial.

*And so, Alice continued her journey as the fairy guardian of the Enchanted Flower, spreading magic and joy wherever she went. Her heart was filled with gratitude for being chosen for this special mission.*

# A Bailarina e a Borboleta
# The Ballerina and the Butterfly

Era uma vez uma pequena bailarina chamada Clara. Ela amava dançar mais do que qualquer outra coisa no mundo. Todos os dias, Clara vestia seu tutu cor-de-rosa e seus sapatilhos de ballet e dançava com graça e leveza.

*Once upon a time, there was a little ballerina named Clara. She loved to dance more than anything else in the world. Every day, Clara would put on her pink tutu and ballet shoes and dance with grace and lightness.*

Um dia, enquanto praticava seus passos no jardim, Clara viu uma linda borboleta colorida voando ao seu redor. A borboleta parecia dançar com ela no ar, movendo-se com delicadeza e elegância. Clara sorriu e estendeu a mão, esperando que a borboleta pousasse nela.

*One day, while practicing her steps in the garden, Clara saw a beautiful colorful butterfly flying around her. The butterfly seemed to dance with her in the air, moving with delicacy and elegance. Clara smiled and reached out her hand, hoping the butterfly would land on her.*

Para sua surpresa, a borboleta pousou suavemente em seu dedo. Ela era de um azul brilhante, com manchas de laranja e preto em suas asas. Clara sentiu uma conexão mágica com a borboleta e decidiu chamá-la de Aurora.

*To her surprise, the butterfly landed gently on her finger. It was a bright blue butterfly, with orange and black spots on its wings. Clara felt a magical connection with the butterfly and decided to name her Aurora.*

A partir desse dia, Clara e Aurora tornaram-se amigas inseparáveis. Aurora voava ao redor de Clara enquanto ela dançava, enchendo o jardim com sua presença encantadora. Elas pareciam entender uma à outra sem precisar de palavras.

*From that day on, Clara and Aurora became inseparable friends. Aurora would flutter around Clara as she danced, filling the garden with her enchanting presence. They seemed to understand each other without needing words.*

Clara percebeu que a dança e a natureza estavam intrinsecamente ligadas. Ela observava as flores dançarem com o vento, as árvores balançarem seus galhos e os pássaros voarem em movimentos graciosos. Clara incorporava essa harmonia em seus próprios movimentos de ballet.

*Clara realized that dance and nature were intrinsically connected. She watched the flowers dance with the wind, the trees sway their branches, and the birds soar in graceful movements. Clara incorporated this harmony into her own ballet movements.*

Um dia, Clara recebeu a notícia de que sua escola de ballet faria uma apresentação especial no jardim do castelo. Ela estava emocionada e queria que Aurora fizesse parte desse momento especial. Clara pediu a Aurora para acompanhá-la na apresentação.

*One day, Clara received the news that her ballet school would have a special performance in the castle garden. She was thrilled and wanted Aurora to be a part of this special moment. Clara asked Aurora to accompany her in the performance.*

No dia da apresentação, Clara dançou com graciosidade no palco, enquanto Aurora voava ao seu redor, acrescentando ainda mais beleza e encanto à performance. O público ficou maravilhado com a combinação da dança da bailarina e a presença da borboleta.

*On the day of the performance, Clara danced gracefully on stage, while Aurora flew around her, adding even more beauty and enchantment to the performance. The audience was amazed by the combination of the dancer's movements and the presence of the butterfly.*

Após a apresentação, Clara agradeceu a Aurora por tornar seu momento especial ainda mais mágico. Ela percebeu que a amizade e a conexão com a natureza eram fundamentais para a sua arte. Clara prometeu que sempre dançaria com o coração, como se estivesse voando com Aurora.

*After the performance, Clara thanked Aurora for making her special moment even more magical. She realized that friendship and connection with nature were crucial to her art. Clara vowed to always dance with her heart, as if she were flying with Aurora.*

# A Princesa e o Arco-Íris Mágico

# The Princess and the Magical Rainbow

Era uma vez uma princesa chamada Isabela, que vivia em um reino encantado. Isabela tinha cabelos negros e olhos brilhantes como estrelas. Ela era conhecida por sua bondade e curiosidade. Um dia, enquanto explorava o jardim do castelo, ela se deparou com algo incrível: um arco-íris brilhante e reluzente.

*Once upon a time, there was a princess named Isabela who lived in an enchanted kingdom. Isabela had black hair and eyes that sparkled like stars. She was known for her kindness and curiosity. One day, while exploring the castle garden, she came across something incredible: a bright and shimmering rainbow.*

O arco-íris parecia mágico, mais bonito do que qualquer outro que Isabela já tinha visto. Ela ficou maravilhada com suas cores vibrantes e decidiu segui-lo. Enquanto caminhava, ela notou algo especial: cada passo que dava, o arco-íris se movia junto com ela.

*The rainbow seemed magical, more beautiful than any other Isabela had ever seen. She was amazed by its vibrant colors and decided to follow it. As she walked, she noticed something special: with every step she took, the rainbow moved along with her.*

Isabela continuou seguindo o arco-íris e, de repente, encontrou um pequeno duende chamado Zico. Ele explicou que o arco-íris era mágico e só se movia quando uma pessoa de coração puro o seguia. Zico disse a Isabela que o arco-íris a escolheu para uma missão especial.

*Isabela continued following the rainbow and suddenly came across a small elf named Zico. He explained that the rainbow was magical and only moved when a person with a pure heart followed it. Zico told Isabela that the rainbow had chosen her for a special mission.*

Intrigada e animada, Isabela perguntou a Zico qual era a missão. O pequeno duende disse que o arco-íris estava enfraquecendo e perdendo suas cores mágicas. Era responsabilidade de Isabela encontrar os cristais mágicos que poderiam revitalizar o arco-íris e trazer alegria de volta ao reino.

*Intrigued and excited, Isabela asked Zico what the mission was. The little elf said that the rainbow was weakening and losing its magical colors. It was Isabela's responsibility to find the magic crystals that could revitalize the rainbow and bring joy back to the kingdom.*

Determinada, Isabela embarcou em uma jornada cheia de aventuras e desafios. Ela viajou por florestas encantadas, escalou montanhas altas e mergulhou em mares profundos. Em cada lugar, ela encontrou um cristal mágico que brilhava com cores deslumbrantes.

*Determined, Isabela embarked on a journey full of adventures and challenges. She traveled through enchanted forests, climbed high mountains, and dove into deep seas. In each place, she found a magical crystal that shimmered with dazzling colors.*

A cada cristal encontrado, o arco-íris ficava mais forte e suas cores mais vibrantes. O reino inteiro se enchia de alegria e admiração pela coragem da princesa. Isabela percebeu que sua jornada não era apenas para salvar o arco-íris, mas também para inspirar os outros a acreditarem em suas próprias capacidades.

*With each crystal found, the rainbow grew stronger, and its colors became more vibrant. The entire kingdom was filled with joy and admiration for the princess's bravery. Isabela realized that her journey was not only to save the rainbow but also to inspire others to believe in their own abilities.*

Finalmente, Isabela encontrou o último cristal mágico. Quando ela o colocou no arco-íris, uma luz brilhante e intensa iluminou todo o reino. O arco-íris estava completamente revitalizado, brilhando com suas cores mágicas.

*Finally, Isabela found the last magic crystal. When she placed it on the rainbow, a bright and intense light illuminated the entire kingdom. The rainbow was completely revitalized, shining with its magical colors.*

A princesa Isabela foi aclamada como a heroína do reino. Seu coração se encheu de alegria e gratidão por ter sido escolhida para essa missão especial. O arco-íris continuou a brilhar no céu, lembrando a todos a importância da esperança, da coragem e da determinação.

*Princess Isabela was acclaimed as the heroine of the kingdom. Her heart was filled with joy and gratitude for being chosen for this special mission. The rainbow continued to shine in the sky, reminding everyone of the importance of hope, courage, and determination.*

# O Sonho da Bailarina
# The Ballerina's Dream

Era uma vez uma menina chamada Sofia, que tinha um grande sonho: ser uma bailarina. Desde pequena, ela amava dançar e imaginava-se nos palcos, rodopiando com graciosidade. Seu quarto estava repleto de sapatilhas de ballet, espelhos e pôsteres de bailarinas famosas.

*Once upon a time, there was a girl named Sofia who had a big dream: to be a ballerina. Since she was little, she loved to dance and imagined herself on stage, twirling with grace. Her room was filled with ballet shoes, mirrors, and posters of famous ballerinas.*

Sofia fazia aulas de ballet todas as semanas, aprendendo os passos e a técnica. Ela se dedicava com afinco e esforçava-se para aperfeiçoar suas habilidades. A cada pirueta e plié, ela sentia-se mais próxima de realizar seu sonho.

*Sofia took ballet classes every week, learning the steps and techniques. She dedicated herself wholeheartedly and worked hard to improve her skills. With each twirl and plié, she felt closer to fulfilling her dream.*

Certo dia, Sofia ouviu falar sobre uma audição para uma prestigiada companhia de ballet. Seu coração acelerou de emoção, e ela sabia que essa era a oportunidade perfeita para mostrar seu talento. Ela passou horas aprimorando sua coreografia e praticando incansavelmente.

*One day, Sofia heard about an audition for a prestigious ballet company. Her heart raced with excitement, and she knew that this was the perfect opportunity to showcase her talent. She spent hours refining her choreography and practicing tirelessly.*

O dia da audição chegou. O palco estava iluminado e cheio de expectativas. Sofia sentia borboletas em seu estômago, mas ela se lembrou do amor que tinha pela dança e se encheu de coragem. Ela entrou no palco com confiança e começou a dançar com todo o seu coração.

*The day of the audition arrived. The stage was lit up and filled with anticipation. Sofia felt butterflies in her stomach, but she remembered the love she had for dance and filled herself with courage. She entered the stage with confidence and began to dance with all her heart.*

Cada movimento era uma expressão de sua paixão. Ela se sentia leve como uma pluma, voando pelo palco. Seu corpo fluía em perfeita sintonia com a música, encantando a todos com sua graça e elegância.

*Each movement was an expression of her passion. She felt light as a feather, gliding across the stage. Her body flowed in perfect harmony with the music, enchanting everyone with her grace and elegance.*

Ao final da apresentação, a plateia irrompeu em aplausos calorosos. Os olhos de Sofia brilharam de felicidade e realização.

Ela sabia que tinha dado o seu melhor e que tinha mostrado ao mundo o seu talento como bailarina.

*At the end of the performance, the audience erupted in warm applause. Sofia's eyes sparkled with happiness and fulfillment. She knew she had given her best and had shown the world her talent as a ballerina.*

Algumas semanas depois, Sofia recebeu uma carta. Era uma notícia maravilhosa! Ela tinha sido aceita na companhia de ballet dos seus sonhos. Ela pulou de alegria e compartilhou a notícia com sua família, que a abraçou com amor e orgulho.

*A few weeks later, Sofia received a letter. It was wonderful news! She had been accepted into the ballet company of her dreams. She jumped with joy and shared the news with her family, who embraced her with love and pride.*

A partir desse dia, Sofia embarcou em uma jornada mágica como bailarina profissional. Ela dançou nos palcos mais prestigiosos do mundo, encantando plateias com sua arte. Seu sonho se tornou realidade, e Sofia continuou a espalhar beleza e inspiração por meio da dança.

*From that day on, Sofia embarked on a magical journey as a professional ballerina. She danced on the most prestigious stages in the world, enchanting audiences with her art. Her dream came true, and Sofia continued to spread beauty and inspiration through dance.*

# A Princesa e o Jardim Encantado
# The Princess and the Enchanted Garden

Era uma vez uma linda princesa chamada Isabella, que vivia em um castelo rodeado por um vasto jardim. Isabella tinha cabelos dourados e olhos cor de avelã. Ela amava explorar o jardim, com suas flores coloridas e borboletas dançantes.

*Once upon a time, there was a beautiful princess named Isabella, who lived in a castle surrounded by a vast garden. Isabella had golden hair and hazel eyes. She loved exploring the garden, with its colorful flowers and dancing butterflies.*

Certo dia, enquanto caminhava pelos corredores do castelo, Isabella ouviu um som suave e misterioso vindo do jardim. Curiosa, ela seguiu o som e se deparou com uma porta escondida. Sem hesitar, ela abriu a porta e ficou maravilhada com o que viu.

*One day, while walking through the castle corridors, Isabella heard a soft and mysterious sound coming from the garden. Curious, she followed the sound and came across a hidden door. Without hesitation, she opened the door and was amazed by what she saw.*

Do outro lado da porta, havia um jardim encantado, repleto de flores brilhantes e árvores mágicas. Borboletas multicoloridas voavam ao redor, e pequenos animais cantavam alegremente.

Isabella sentiu uma energia especial no ar e sabia que estava em um lugar mágico.

*On the other side of the door, there was an enchanted garden, filled with shimmering flowers and magical trees. Multicolored butterflies fluttered around, and small animals sang cheerfully. Isabella felt a special energy in the air and knew she was in a magical place.*

Enquanto explorava o jardim, Isabella encontrou uma fada gentil chamada Amélia. Amélia tinha asas brilhantes e um sorriso radiante. Ela explicou a Isabella que o jardim era um lugar mágico, cheio de amor e encanto.

*As she explored the garden, Isabella came across a kind fairy named Amélia. Amélia had shimmering wings and a radiant smile. She explained to Isabella that the garden was a magical place, full of love and enchantment.*

Isabella e Amélia se tornaram grandes amigas. Elas dançavam entre as flores, ouviam os segredos dos animais e compartilhavam histórias encantadoras. Isabella descobriu que a magia do jardim vinha do amor e da amizade que ali floresciam.

*Isabella and Amélia became great friends. They danced among the flowers, listened to the secrets of the animals, and shared enchanting stories. Isabella discovered that the magic of the garden came from the love and friendship that bloomed there.*

Todos os dias, Isabella retornava ao jardim encantado para brincar e explorar. Ela trazia consigo alegria e bondade, espalhando magia por onde passava. O jardim se tornou um lugar especial para a princesa, um refúgio de beleza e serenidade.

*Every day, Isabella returned to the enchanted garden to play and explore. She brought joy and kindness with her, spreading magic wherever she went. The garden became a special place for the princess, a refuge of beauty and serenity.*

Com o tempo, a notícia do jardim encantado se espalhou pelo reino. Outras crianças vieram visitar e compartilhar a magia daquele lugar especial. Isabella percebeu que o amor e a amizade podiam criar maravilhas e unir pessoas.

*As time passed, the news of the enchanted garden spread throughout the kingdom. Other children came to visit and share the magic of that special place. Isabella realized that love and friendship could create wonders and bring people together.*

Isabella sabia que o jardim encantado era um tesouro precioso. Ela prometeu cuidar dele e compartilhar sua magia com todos. Com a ajuda de Amélia e das crianças do reino, o jardim se tornou um símbolo de amor, amizade e harmonia.

*Isabella knew that the enchanted garden was a precious treasure. She promised to take care of it and share its magic with everyone. With the help of Amélia and the children of the kingdom, the garden became a symbol of love, friendship, and harmony.*

# A Aventura da Pequena Exploradora
# The Adventure of the Little Explorer

Era uma vez uma menina chamada Laura, uma pequena exploradora cheia de curiosidade e coragem. Ela tinha cabelos cacheados e olhos brilhantes, sempre pronta para descobrir novos lugares e viver grandes aventuras.

*Once upon a time, there was a girl named Laura, a little explorer full of curiosity and courage. She had curly hair and bright eyes, always ready to discover new places and live great adventures.*

Um belo dia de sol, Laura decidiu explorar a floresta próxima à sua casa. Ela colocou seu chapéu de exploradora, pegou sua mochila e partiu em busca de emoções. Laura estava determinada a encontrar um tesouro escondido que todos diziam existir naquela floresta mágica.

*On a beautiful sunny day, Laura decided to explore the forest near her house. She put on her explorer hat, grabbed her backpack, and set off in search of thrills. Laura was determined to find a hidden treasure that everyone said existed in that magical forest.*

Enquanto caminhava pela floresta, Laura encontrou uma trilha estreita e curiosa que a levou a um riacho brilhante. O som da água corrente era suave e convidativo. Laura sabia que tinha encontrado um lugar especial.

*As she walked through the forest, Laura came across a narrow and intriguing trail that led her to a sparkling creek. The sound of the flowing water was gentle and inviting. Laura knew she had found a special place.*

Laura tirou os sapatos e colocou os pés na água fresca do riacho. Ela riu de alegria, sentindo uma sensação de liberdade. Laura decidiu seguir o curso do riacho e descobrir o que mais a floresta reservava para ela.

*Laura took off her shoes and dipped her feet in the cool water of the creek. She laughed with joy, feeling a sense of freedom. Laura decided to follow the stream and discover what else the forest had in store for her.*

Enquanto explorava, Laura encontrou uma família de esquilos brincando nas árvores, pássaros coloridos cantando melodias alegres e uma toca de coelhos fofinhos. Cada encontro enchia o coração de Laura de felicidade e assombro.

*As she explored, Laura came across a family of squirrels playing in the trees, colorful birds singing joyful melodies, and a burrow of adorable rabbits. Each encounter filled Laura's heart with happiness and wonder.*

No coração da floresta, Laura descobriu uma clareira mágica com flores exuberantes e uma árvore majestosa no centro. Laura sentiu-se atraída pela árvore e decidiu se aproximar. Quando chegou perto, uma voz suave sussurrou: "Bem-vinda, pequena exploradora".

*In the heart of the forest, Laura discovered a magical clearing with lush flowers and a majestic tree in the center. Laura was drawn to the tree and decided to approach it. As she got closer, a soft voice whispered, "Welcome, little explorer."*

Laura olhou para cima e viu uma fada amigável sentada nos galhos da árvore. A fada explicou que a floresta estava cheia de tesouros escondidos, mas não eram tesouros de ouro e prata. Eram tesouros de beleza, amizade e aventura.

*Laura looked up and saw a friendly fairy sitting on the tree branches. The fairy explained that the forest was full of hidden treasures, but they were not treasures of gold and silver. They were treasures of beauty, friendship, and adventure.*

Empolgada, Laura agradeceu à fada e prometeu cuidar e proteger a floresta mágica. Ela sabia que o verdadeiro tesouro estava em cada momento especial vivido ali. Laura prometeu voltar sempre que quisesse vivenciar novas descobertas.

*Excited, Laura thanked the fairy and promised to take care of and protect the magical forest. She knew that the real treasure lay in every special moment experienced there. Laura vowed to return whenever she wanted to experience new discoveries.*

E assim, Laura se tornou a exploradora da floresta, conhecendo novos amigos e vivendo aventuras incríveis. A floresta a ensinou a apreciar a natureza, a valorizar as pequenas coisas e a encontrar alegria em cada descoberta.

*And so, Laura became the forest explorer, meeting new friends and living incredible adventures. The forest taught her to appreciate nature, to value the little things, and to find joy in every discovery.*

48

# A Fada dos Sonhos
# The Fairy of Dreams

Era uma vez uma pequena menina chamada Sofia, com cabelos negros como a noite e olhos brilhantes como estrelas. Sofia adorava ouvir histórias e sonhar acordada com mundos mágicos. Cada noite, ela fechava os olhos e se entregava aos sonhos mais maravilhosos.

*Once upon a time, there was a little girl named Sofia, with hair as black as the night and eyes as bright as stars. Sofia loved listening to stories and daydreaming about magical worlds. Every night, she would close her eyes and immerse herself in the most wonderful dreams.*

Certo dia, enquanto brincava no jardim, Sofia encontrou uma pequena fada de asas cintilantes. A fada tinha um vestido de pétalas de flores e um sorriso encantador. Ela se apresentou como Aurora, a Fada dos Sonhos.

*One day, while playing in the garden, Sofia came across a little fairy with shimmering wings. The fairy wore a dress made of flower petals and had a charming smile. She introduced herself as Aurora, the Fairy of Dreams.*

Aurora contou a Sofia que tinha a missão de levar os sonhos mais bonitos e mágicos para as crianças durante a noite. Ela explicou que as crianças podiam ajudá-la a criar sonhos incríveis, compartilhando suas próprias histórias e desejos.

*Aurora told Sofia that she had the mission to bring the most beautiful and magical dreams to children at night. She explained that children could help her create incredible dreams by sharing their own stories and wishes.*

Empolgada, Sofia começou a contar a Aurora sobre todos os seus sonhos e desejos. Ela falou sobre cavalos voadores, castelos encantados e viagens por terras mágicas. Aurora sorria e acenava com a cabeça, prometendo tornar esses sonhos realidade durante a noite.

*Excited, Sofia started telling Aurora about all her dreams and wishes. She talked about flying horses, enchanted castles, and journeys through magical lands. Aurora smiled and nodded, promising to make those dreams come true during the night.*

À noite, enquanto Sofia dormia profundamente, Aurora voava ao seu redor, espalhando sua magia. Ela mergulhava no mundo dos sonhos de Sofia, criando aventuras emocionantes e encontros com criaturas mágicas.

*At night, while Sofia slept soundly, Aurora flew around her, spreading her magic. She dove into Sofia's dream world, creating exciting adventures and encounters with magical creatures.*

Sofia acordava todas as manhãs com histórias incríveis para contar. Ela falava sobre suas viagens por reinos encantados, as conversas com fadas e a descoberta de tesouros escondidos. Seus olhos brilhavam de alegria enquanto compartilhava suas aventuras com a família.

*Sofia woke up every morning with amazing stories to tell. She talked about her travels through enchanted realms, conversations with fairies, and the discovery of hidden treasures. Her eyes sparkled with joy as she shared her adventures with her family.*

Aurora e Sofia tornaram-se amigas inseparáveis. Todas as noites, antes de dormir, Sofia conversava com a fada e compartilhava seus desejos mais profundos. Aurora prometia continuar levando seus sonhos para o mundo dos sonhos, criando um vínculo especial entre elas.

*Aurora and Sofia became inseparable friends. Every night, before going to sleep, Sofia would talk to the fairy and share her deepest wishes. Aurora promised to continue taking her dreams to the dream world, creating a special bond between them.*

À medida que Sofia crescia, ela nunca perdeu sua capacidade de sonhar e imaginar. Ela se lembrava sempre da amizade com a Fada dos Sonhos e das aventuras que viveram juntas. Sofia sabia que os sonhos eram tesouros valiosos que poderiam tornar o mundo um lugar mais mágico.

*As Sofia grew older, she never lost her ability to dream and imagine. She always remembered her friendship with the Fairy of Dreams and the adventures they had together. Sofia knew that dreams were valuable treasures that could make the world a more magical place.*

# A Princesa e o Pássaro Encantado
# The Princess and the Enchanted Bird

Era uma vez uma princesa chamada Helena, que vivia em um castelo cercado por jardins exuberantes. Helena era uma menina doce, com cabelos dourados como o sol e olhos azuis como o céu. Ela amava passear pelos jardins, ouvir o canto dos pássaros e sentir a brisa suave.

*Once upon a time, there was a princess named Helena, who lived in a castle surrounded by lush gardens. Helena was a sweet girl, with golden hair like the sun and blue eyes like the sky. She loved strolling through the gardens, listening to the birdsong, and feeling the gentle breeze.*

Um dia, enquanto explorava os jardins, Helena encontrou um pássaro magnífico com penas coloridas e brilhantes. O pássaro parecia mágico, cantando melodias suaves e enchendo o ar com alegria. Helena sentiu uma conexão especial com o pássaro e decidiu chamá-lo de Aurora.

*One day, while exploring the gardens, Helena came across a magnificent bird with colorful, shimmering feathers. The bird seemed magical, singing soft melodies and filling the air with joy. Helena felt a special connection with the bird and decided to name it Aurora.*

Helena e Aurora tornaram-se grandes amigas. Todos os dias, elas brincavam nos jardins, compartilhavam segredos e voavam juntas pelo céu. O pássaro encantado trazia alegria e encanto para a vida da princesa.

*Helena and Aurora became great friends. Every day, they played in the gardens, shared secrets, and flew together through the sky. The enchanted bird brought joy and enchantment into the princess's life.*

Certo dia, Helena descobriu que Aurora era uma pássaro mágico capaz de conceder desejos. Ela sabia que tinha um desejo especial no coração: ajudar as pessoas necessitadas do reino. Helena pediu a Aurora que a ajudasse a tornar o mundo um lugar melhor.

*One day, Helena discovered that Aurora was a magical bird capable of granting wishes. She knew she had a special wish in her heart: to help the people in need in the kingdom. Helena asked Aurora to help her make the world a better place.*

Com a ajuda de Aurora, Helena e o pássaro mágico voaram por todo o reino, espalhando amor e bondade. Eles visitaram aldeias distantes, entregaram comida para os famintos e ajudaram os doentes. A princesa mostrou ao mundo o poder do amor e da compaixão.

*With Aurora's help, Helena and the magical bird flew throughout the kingdom, spreading love and kindness. They visited distant villages, delivered food to the hungry, and helped the sick. The princess showed the world the power of love and compassion.*

As notícias das boas ações de Helena se espalharam, e o reino ficou maravilhado com a generosidade da princesa. Ela se tornou um exemplo de coragem e bondade para todos. Helena sabia que suas ações eram apenas o começo de uma jornada de ajuda e compaixão.

*The news of Helena's good deeds spread, and the kingdom was amazed by the princess's generosity. She became an example of courage and kindness for everyone. Helena knew that her actions were just the beginning of a journey of help and compassion.*

Helena e Aurora continuaram a voar pelos céus, espalhando esperança e amor. A princesa prometeu dedicar sua vida a tornar o mundo um lugar melhor, inspirando outros a fazerem o mesmo. Seu espírito corajoso e generoso iluminou o reino e aqueceu o coração de todos.

*Helena and Aurora continued to soar through the skies, spreading hope and love. The princess vowed to dedicate her life to making the world a better place, inspiring others to do the same. Her brave and generous spirit illuminated the kingdom and warmed the hearts of everyone.*

# O Resgate da Estrela Perdida
# The Rescue of the Lost Star

Era uma vez uma menina chamada Lara, uma pequena aventureira com cabelos cacheados e olhos cheios de curiosidade. Ela vivia em uma pequena vila cercada por montanhas e florestas. Lara adorava explorar os arredores e ouvir as histórias dos mais velhos sobre as estrelas cintilantes no céu.

*Once upon a time, there was a girl named Lara, a little adventurer with curly hair and eyes full of curiosity. She lived in a small village surrounded by mountains and forests. Lara loved exploring the surroundings and listening to the stories told by the elders about the twinkling stars in the sky.*

Uma noite, Lara percebeu que uma estrela brilhante havia desaparecido do céu. Ela ficou preocupada e decidiu que era sua missão encontrá-la e trazê-la de volta. Com coragem no coração, ela embarcou em uma jornada emocionante para resgatar a estrela perdida.

*One night, Lara noticed that a bright star had disappeared from the sky. She became worried and decided that it was her mission to find it and bring it back. With courage in her heart, she embarked on an exciting journey to rescue the lost star.*

Lara atravessou florestas densas, escalou montanhas altas e navegou por rios turbulentos. Em cada desafio, ela encontrava criaturas mágicas que a ajudavam em sua jornada. Uma fada gentil iluminou seu caminho, um coelho esperto mostrou o caminho certo e um pássaro sábio deu conselhos valiosos.

*Lara crossed dense forests, climbed high mountains, and sailed through turbulent rivers. At each challenge, she encountered magical creatures that helped her on her journey. A gentle fairy lit up her path, a clever rabbit showed her the right way, and a wise bird gave her valuable advice.*

Finalmente, Lara chegou a um lago brilhante no coração de uma clareira encantada. No meio do lago, havia uma pequena ilha com a estrela perdida brilhando intensamente. A estrela estava presa em uma teia de aranha mágica e precisava da ajuda de Lara para ser libertada.

*Finally, Lara reached a shimmering lake in the heart of an enchanted clearing. In the middle of the lake, there was a small island with the lost star shining brightly. The star was trapped in a magical spider web and needed Lara's help to be set free.*

Com cuidado e determinação, Lara pegou uma vara de bambu e delicadamente desfez a teia de aranha. Assim que a estrela foi libertada, ela começou a brilhar ainda mais, iluminando o lago e o céu noturno. Lara sentiu uma alegria indescritível por ter ajudado a estrela a voltar ao seu lugar de direito.

*With care and determination, Lara picked up a bamboo stick and gently untangled the spider web. As soon as the star was freed, it started shining even brighter, illuminating the lake and the night sky. Lara felt an indescribable joy for having helped the star return to its rightful place.*

A estrela agradeceu a Lara por sua coragem e bondade. Ela prometeu iluminar os sonhos de Lara todas as noites, como forma de gratidão. Lara retornou para casa com o coração cheio de felicidade, sabendo que até as menores ações podem fazer uma grande diferença.

*The star thanked Lara for her courage and kindness. It promised to illuminate Lara's dreams every night as a token of gratitude. Lara returned home with a heart full of happiness, knowing that even the smallest actions can make a big difference.*

Desde aquele dia, Lara sempre olhava para o céu e lembrava-se de sua aventura. Ela aprendeu que cada desafio trazia oportunidades para ajudar os outros e fazer o mundo brilhar um pouco mais. Lara se tornou uma verdadeira heroína, inspirando a todos com sua bondade e coragem.

*Since that day, Lara always looked up at the sky and remembered her adventure. She learned that every challenge brought opportunities to help others and make the world shine a little brighter. Lara became a true hero, inspiring everyone with her kindness and bravery.*